PER L'ARTE E CON L'ARTE

Vivo da sempre per l'Arte.
E per l'Arte e per sempre, chiederò a...
un'emozione da provare e da...
Un' emozione fresca come l'acqua d...
pura come un'alba dolce, buia come...
profonda e avvolgente.
E quando emozione arriverà, allora e ...e
sempre, la dipingerò con i pennelli del cuore
e della mente. Lo farò di getto, affinchè Fantasia
non mi lasci solo, non vada mai via. Senza la Sua
Magia sarei uno sguardo spento sul nulla, una
foresta di rami intricati, senza luce...e brulla.
La mia tela brama le stelle.
Dipingo... e volo sulla terra e sul mare.
Dipingo... e m' innalzo fino agli eterni ghiacciai
che l'Infinito elesse a suo specchio e lì, riflesso,
leggo me stesso, mentre respiro il cielo,
mentre respiro il vento.
Dipingo ciò che sento e intanto, all' Antico Rito
della vita, acconsento...
E l'Anima si libra fra i colori e si espande,
mentre il sentimento vibra e si unisce
all'Immenso, nella mia struggente Lode
al Mistero dell'Universo.

A Fabrizio Barsotti da Fabrizia Vannucci, in segno
di stima per il suo incessante impegno artistico

FABRIZIO BARSOTTI

"Pittore Lucchese"

https://www.facebook.com/fabrizio.barsotti.581

*"La mia anima sente cose strane, da sempre. Quando
ascolto il battito del mio cuore è come vedere attraverso
uno specchio la mia immagine, i miei sogni e i miei ricordi.
Nel buio allora tutto affiora, tutto mi viene incontro affinché
io possa dare a chi guarda quello che sono"*

FABRIZIO
BARSOTTI

"Opere pittoriche come piccoli monumenti al Mistero"

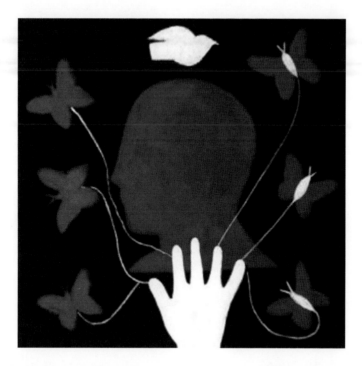

FABRIZIO BARSOTTI

"Il Pittore che dà vita al buio"

La pittura di Fabrizio Barsotti nasce dal buio; qui le tinte forti del rosso, del bianco e dell'oro materializzano sulla tela (nera) soggetti fantastici e al tempo stesso reali e riconoscibili, rappresentando il palcoscenico di un teatro in movimento nel quale danzano figure, umane e animali, simboliche e geometriche. L'artista, è nato e risiede a Lucca in via del Fosso.
Qui ha lo studio al numero 153, proprio a fianco dell'edificio in cui abitava il nonno Salvatore, detto "Il Morino" per i capelli scuri, che lui frequentava da piccolo. I ricordi del passato, le storie e leggende, gli atelier e botteghe di Lucca sono il background di Fabrizio Barsotti, benché la sua ispirazione nasca piuttosto da una dinamica interiorità e da una ricerca introspettiva che può sembrare talvolta spigolosa e violenta, ma mai è infondata o casuale. Il pittore, classe 1968, dedito a molteplici tecniche di sperimentazione, è attivo con varie mostre e iniziative culturali artistiche.

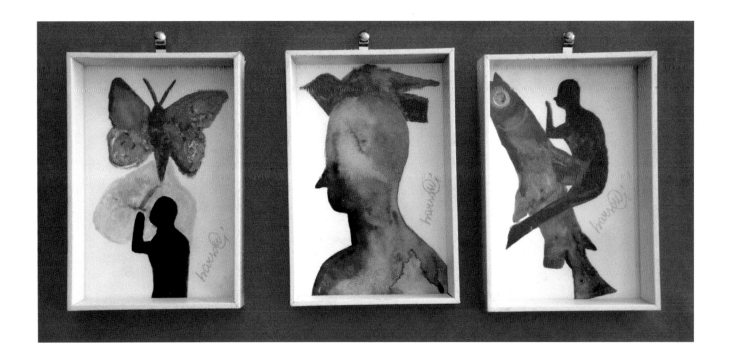

LA SUA PITTURA

"Un tuffo nell' inconscio"

I sogni e gli umori, le suggestioni e gli spaesamenti del vivere, pervadono ogni minima fibra dell'Arte di Fabrizio Barsotti. Come pochi altri, egli riesce a trasmettere alle sue Opere tutta l'impetuosità della genesi artistica, il tormento estatico della creazione. Il suo è un viaggio che richiede il coraggio e la purezza dei sentimenti profondi. Nelle sue Opere l'inquietudine regna sovrana. Le sue rappresentazioni sono l'avvento e la restituizione al mondo di un'ansia creativa senza posa.

Fabrizio Barsotti, Pittore Lucchese, innesca un volo irregolare che inizia si, nella fantasia, ma che parte e termina nell'Opera stessa. Un tuffo nell'inconscio, nella viva materia che s'incontra con il colore e ne condivide le stesse superfici. Tutto si fa uno nel tentativo di rendere l'immagine il più possibile vicina a quel mondo sublime e incomprensibile che si spalanca solo quando si chiudono gli occhi.

Fabrizio Barsotti è uno di quelli che "si è fatto da solo". La sua formazione, infatti, è da autodidatta e non ha intrapreso i canonici sentieri accademici, ma ha soltanto seguito alla lettera quello che la sua indole, il suo animo e la sua passione gli hanno da sempre comunicato: fare il pittore. Da tanti anni ha stabilito il suo regno in Via del Fosso, nel centro storico di Lucca. La scelta dell'ubicazione non è casuale, ma è figlia dei suoi trascorsi, del suo passato e del suo legame affettivo con questa zona, oggi un po' malinconica e decadente: "Mi sono stabilito qui tanti anni fa, qui ho fissato il mio studio, il mio laboratorio accanto a quella che fu la casa del mio nonno, che di mestiere faceva il calzolaio. In questa via scorrono tutti i ricordi della mia infanzia, quando con i miei cugini passavo il tempo tra giochi e scorribande di quartiere". Riavvolgendo il nastro della propria vita, Fabrizio ci ricorda di come un tempo l'area dei Fossi di Lucca fosse vivace, con tante attività artigianali e non solo, che purtroppo il tempo e le scelte amministrative hanno contribuito a far scomparire, ma non senza qualche rammarico. "Nelle adiacenze – ricorda il pittore – vi era un fabbro che batteva con la sua incudine, un falegname, un lattoniere, un calzolaio di nome Nello e ovviamente la tintoria, dove adesso sorge il ristorante 'Il Mecenate'. (seg,)

LO STUDIO *"La Fucina delle Idee"*

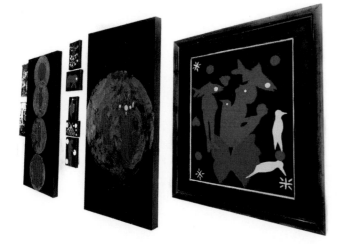

Via dei Fossi nm 153

SITO D'ARTE

(seg,) Tutto questo è resistito fino agli anni '80, un periodo in cui ancora si poteva affermare come questa zona fosse un'area viva. La musica è cambiata quando con la giunta Lazzarini è stato introdotto il varco telematico, che ha fatto fuggire tutti gli artigiani da Via del Fosso, facendola "spopolare".

Eppure questo quartiere del centro storico lucchese avrebbe un grande passato da raccontare, ma che oggi resta oscuro e trascurato, decisamente dimenticato. Fabrizio Barsotti, tuttavia non vuole che questa storia venga messa da parte e cancellata con un colpo di spugna, ma anzi vorrebbe un rilancio e una valorizzazione dell'intero quartiere, partendo da quelli che sono i suoi punti di forza: "Quest'area ha delle potenzialità, basti pensare a questo condotto che dal 1376 ha alimentato con la forza motrice dell'acqua la lavorazione della seta, favorendo le attività dei tessitori e degli artigiani. Lo si può vedere anche dai segni rimasti sulla pietra, che testimoniano l'operosità di tutti coloro che lavoravano in quei campi così importanti.

Addirittura vi era anche un mulino poco più distante, adesso purtroppo non più visibile. Sarebbe bello poter dar vita a una sorta di museo a cielo aperto, che testimoni il passato di questa via". (seg,)

"I Fossi dell'Arte"

UNA QUESTIONE DI CUORE

(seg,) Per dar seguito alle proprie speranze e ai propri sogni, Fabrizio Barsotti nel 2019 ha dato vita a un movimento "I Fossi dell'Arte" che hanno come obiettivo quello di dare nuovo lustro e fama a una zona così antica, tramite un'iniezione di vivacità seguendo come filo conduttore quello dell'arte, di cui lui è uno degli esponenti: "Ho sviluppato questa iniziativa per rilanciare un'area che è stata completamente dimenticata, a partire dallo stato di abbandono della cartiera Pasquini, che giace in condizioni di degrado da anni e anni, e dove sarebbero necessari lavori di restauro per quanto riguarda la fontana del Nottolini, che ha dei basamenti spezzati. In Via del Fosso, inoltre, cominciano ad affiorare dei cedimenti strutturali, per i quali sarebbe opportuno mettere mano al più presto. A testimoniare, infine, il senso di abbandono dei Fossi ha contribuito anche la scelta di trasferire il mercato cittadino fuori dall'area dei Bacchettoni, che ha portato via ulteriore anima al quartiere". "L'area – prosegue il pittore – potrebbe diventare un polo di attrazione a livello turistico. Certo, è impensabile realizzare ciò che accade ai Navigli a Milano, però sfruttando quello che già è presente si potrebbe dar vita a un circuito che mostri le bellezze di questa zona, dal museo di arte contemporanea a Piazza San Francesco, senza però dimenticare il condotto e la sua storia, che potrebbe essere valorizzato ulteriormente con l'aggiunta di luci specifiche". Via del Fosso non è soltanto un luogo di lavoro, ma è proprio una questione di cuore.(seg,)

"Il volo verso l'infinità dell'Arte"

(seg,) Fabrizio Barsotti però, ha molte altre cose da raccontare a partire dalla sua forma d'arte, racchiusa nel suo laboratorio: "Ho iniziato a muovere i primi passi in questo campo a partire dagli anni '80, partecipando a vari concorsi che furono realizzati nel territorio e non solo. Dopo un lungo percorso, nel 2010 ho dato vita a un mostra sponsorizzata dalla Fondazione Banca del Monte che si chiamava 'Volare'.

Il tema non era casuale, perché avevo attuato un ciclo di opere ispirate alla favola de "Il Piccolo Principe" di Antoine de Saint-Exupéry. Solo successivamente mi sono distaccato e sono tornato a seguire un'arte più mia e personale". Le sue creazioni sono visibili nella sua "bottega", un angolo molto accogliente dove si percepisce la voglia di mettere su carta le proprie capacità, i proprio sentimenti e ispirazioni. (seg,)

ARTE E SIMBOLI

(seg,) Sono molte le produzioni attaccate alle pareti e si resta facilmente affascinati da esse, perché trasmettono un messaggio intimo e molto personale di ciò che è la pura essenza di questo Artista lucchese, come lui stesso ci ha spiegato: "Le mie opere sono figlie di un percorso ragionato e introspettivo, cerco di dar forma al mio essere con le mie creazioni. Ho sempre usato un fondo nero, perché dal buio e dalle profondità celate nell'anima escono fuori quelli che sono i miei pensieri. Si può vedere anche un richiamo alla simbologia della testa, perché è tramite quella che io mi metto in gioco, cercando di creare un palcoscenico dove tiro fuori i miei sogni con vari riferimenti. Uso pochi colori, rosso e qualcosa di oro, altre volte il bianco, mentre nella parte grafica e negli acquarelli uso molti più colori per dare all'osservatore anche un senso di maggiore leggerezza".(seg,)

(seg,) L'Artista è un ricettacolo di emozioni che vengono da ogni luogo: dal cielo, dalla terra, da un pezzo di carta, da una forma di passaggio, da una tela di ragno. Questa frase è di Pablo Picasso, ma rende giustizia a quello che fa Fabrizio Barsotti, un baluardo dell'arte all'interno della Mura di Lucca. (Tommaso Giacomelli)

"Il percorso artistico"

LE
TRE VIE

SOGNI DI LIBERTA'
LABIRINTO
METAMORFOSI

Il tema della serie Sogni di libertà, è il viaggio, inteso come ricerca di una nuova e riconosciuta umanità. Il forte contrasto rosso/nero e le linee nette e decise esprimono la forza, la passione e l'audacia necessarie ad intraprendere il viaggio come inevitabile aspirazione alla libertà.

SOGNI DI LIBERTA'

Il pittore ha fatto della sperimentazione la sua filosofia di vita: le materie da lui imposte alla tela classica sono il luogo privilegiato dove il colore deposita variamente il suo carico espressivo. Tinte vibranti e supporti fisici preparano a spettacoli di forme varie e complesse: dettagli macroscopici, presenze oniriche e animali che non popolano ancora la nostra fantasia varcano il passaggio non sempre possibile tra sogno e realtà. Apparizioni, materializzazioni ora gioiose ora esoteriche, paesaggi mentali non sempre sostenibili, ventri femminili gravidi, sormontati da lucertole venute da chissà quale savana spaziale, teste di profilo, seni tondeggianti. La sua pittura parla con voci profonde, estremamente suggestive e inquietanti. Evoca dai lontanissimi confini della nostra anima terre popolate da segrete bellezze. (seg,)

Fabrizio Barsotti è un viaggio nella fantasia, che richiede il coraggio e la purezza dei sentimenti profondi: queste tele, dove l'inquietudine regna sovrana, sono l'avvento e la restituzione al mondo di un'ansia creativa senza riposo. La carica emotiva del colore raggiunge effetti di lirica intensità, grazie agli scatti cromatici che aumentano il valore dei numerosi significati allegorici. Quest'arte è un tuffo nell'inconscio, nell'impeto che muove ogni creazione: un cammino interno, nella viva materia che s'incontra con il colore e ne sposa le stesse superfici. Quel nero, quel buio perenne da cui le visioni affiorano è tutto il palcoscenico dell' impossibile universo dell'Arte del "Pittore Lucchese".

SOGNI DI LIBERTA'

ROSSO E NERO

SOGNI DI LIBERTA'

PITTORI
LUCCHESI
ARTE CONTEMPORANEA

IL NERO

"Ciò che rimane in ombra"

SECONDO BARSOTTI

L'Arte con la A maiuscola è sempre stata di casa nella città di Lucca, espressione prettamente artistica già di per sé. All'ombra delle torri e della gloria di cui Lucca si onora, si sono formate nel corso dei secoli varie scuole di indirizzo pittorico. Gli annali storici lucchesi riportano decine di nomi di Artisti importanti sia nel campo della pittura che in quello della scultura. Con l'evolversi dei tempi e i vari cambi generazionali di Arte in Arte, le tendenze e le forme espressive visive hanno subito cambiamenti e metamorfosi che hanno portato alla pittura di oggi. Fra i tanti Artisti che vivono ed operano a Lucca, brilla per originalità ed impegno anche nel sociale Fabrizio Barsotti, "pittore lucchese" come lui ama definirsi. Una definizione oltremodo giusta perché simbolica dell'amore che porta alla sua città, scenario preferito per la sua ispirazione. Si considera "il pittore del buio", condizione relativa legata alla "privatio lucis", al nero fenomenico di ciò che rimane in ombra. Il nero è l'enfant terrible dei colori, ha una storia lunga e affascinante. Cromia antichissima, fa parte insieme al rosso e al bianco delle prime tre tinte utilizzate dall'uomo per le pitture rupestri. Il rosso era la sfumatura bella per eccellenza, il bianco una sorta di incolore, mentre il nero veniva associato allo sporco o all'assenza di colore. (seg,)

COLLANA ARTE E CULTURA

Nel corso della sua storia artistica, il nero ha prevalentemente rappresentato il nulla e la morte, ma in verità esso dovrebbe essere interpretato più come l'origine della vita che il suo contrario specialmente se si pensa che, in principio era il Nero, un buio assoluto prima del fatidico Big-Bang! Ecco, Fabrizio Barsotti, a mio parere, può essere associato ad una forma di Big-Bang che dà vita al buio, una vita che lui esprime attraverso forme e colori che portano alla luce tracce di verità dagli smerigliati colori, figure immaginifiche che sembrano interpretare in pieno quanto esiste nel buio e quindi nel Nero, il colore che sta sotto la realtà apparente, il colore delle Grotte e dell'oscurità della Terra. Sono stata particolarmente lieta di parlare di lui e delle sue Opere, nel mio libro dedicato a Lucca e cioè:"Lucca forever", che annovera il fior fiore degli Artisti lucchesi. Fabrizio Barsotti tiene mostre personali e collettive dal lontano 1989, ottenendo sempre un grande successo di critica e di pubblico. Da un pò di tempo è alla ribalta, oltre che per la sua Arte, anche per il grande impegno con cui insegue il suo sogno di sempre, quello della piena rivalutazione della parte piu storica di Lucca, "Via del Fosso" o Via dei Fossi per i lucchesi, una delle Vie più interessanti per la sua storia e l'importanza che ha avuto nella lavorazione della seta per cui Lucca fu nota in tutta Europa e, proprio in Via dei Fossi, avvenne la più intensa lavorazione della seta. In questa Via il pittore, oltre ai tanti ricordi che fanno parte della sua esistenza, ha anche il suo studio, aperto al pubblico, esattamente al nm. 153, qui si può incontrare personalmente l'artista, sempre pronto a dissertare sul senso della sua pittura e sulla sua profonda e intensa passione per l'Arte pittorica. (seg,)

I FOSSI DELL'ARTE
2021

I FOSSI DELL'ARTE
2021

15 MAG
19 GIUGN
17 LUGLIO
AGOSTO
SETTEMBRE

DALLE 16 ALLE 22

"I Fossi dell'Arte", la manifestazione da lui ideata, che tanto lo anima e gli sta a cuore, innamorato com'è della sua Lucca, ha avuto già un grandissimo successo e continuerà ad averne, grazie all'impegno assiduo dell'artista che la organizza e al collettivo "Vivi i Fossi", creato appositamente per lo scopo e composto dal Barsotti, Giuditta Pieroni ed Elisabetta Tuccimei.

Fabrizia Vannucci (La Gazzetta di Lucca)

Fabrizio Barsotti classe 1968 e "Pittore Lucchese" come ama definirsi, ha fatto della locazione del suo Studio in Via dei Fossi 153, l'ubicazione ideale che lega il suo passato alla malinconia latente della sua espressione artistica. L'acqua che scorre tra gli argini di pietra e mattoni degli antichi Fossi Lucchesi, accompagna il desiderio dell'artista di realizzare un suo personale connubio con la città che ama. La sua arte ha radici profonde nella cultura lucchese e la personalità introversa dell'artista infonde ad ogni opera l'atmosfera magica e surreale della sua concezione onirica del pensiero e della vita. Le opere col loro simbolismo ermetico, fluiscono dalla mente dell'artista come avviene per l'acqua dei suoi amati Fossi, in un continuo perpetuarsi di rinnovata vitalità e partecipazione. Personalmente lo annovero nella corrente che amo definire "Surrealismo Lucchese"stile, che partendo da Antonio Possenti negli anni '60, ha preso linfa e diramazioni nuove fino ai giorni d'oggi.
Lorenzo Pacini

"Bandisco dalla mente il già visto e ricerco il non visto"

SURREALISMO

IL LABIRINTO

"Lu mia pittura è il palcoscenico di un teatro in movimento"

I Labirinti di Fabrizio Barsotti sono quelli della sua mente, dove le immagini vorticano per giungere infine al "cuore". Da lì ha inizio l'ispirazione a dipingere. Ecco allora che nascono le più diverse forme (umane, animali, floreali) e i più disparati colori che scivolano l'uno nell'altro a mostrare fluidità e libertà di pensiero.
Le belle tavole di questa Serie si ammirano per la spontaneità ed il mistero che emanano.

LABIRINTO

Fabrizio Barsotti vede nella Metamorfosi il cambiamento, il passaggio verso il volo libero come avviene nell'esistenza della farfalla. L'autore esprime, attraverso la sicura scelta dei colori e dei più svariati soggetti, la libertà e mutevolezza del suo pensiero, del poter sognare e creare mondi e personaggi fantastici.

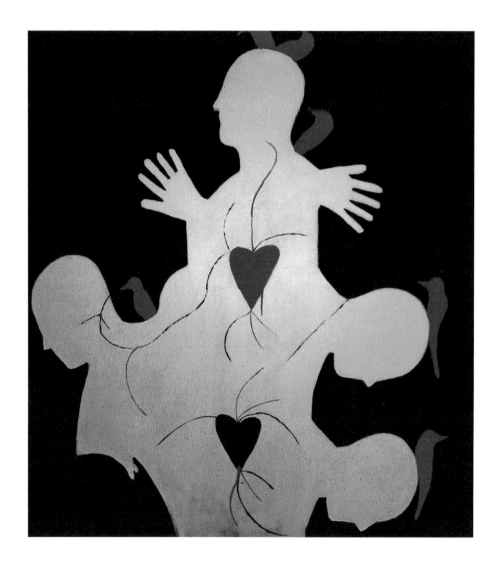

METAMORFOSI

"Ascolto il battito del mio cuore ed è come vedere attraverso uno specchio la mia immagine, i miei sogni e i miei ricordi"

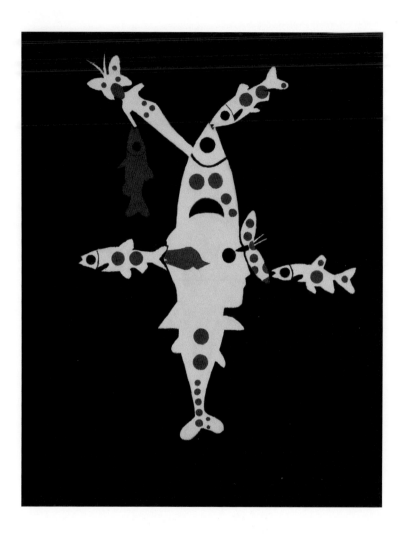

Il cambiamento, il passaggio verso il volo libero come avviene nell'esistenza della farfalla.

TEATRO DELLA FOLLIA

*"Un fisico e un volto
da performer drammatico"*

Le numerose recite (o meglio performance) a cui Fabrizio Barsotti, pittore e performer, si è dedicato in questi ultimi tempi, hanno rivelato oltre che la passione, l'attitudine di un ragazzo di quarant'anni alla recitazione, non in senso tradizionale, ma piuttosto con un modo di recitare che si avvicina all'arte contemporanea mirante all'eccesso e all'informale. Che cosa sono per esempio tutti gli atteggiamenti che Fabrizio si dà volutamente per identificarsi con un "matto" rinchiuso in un ospedale psichiatrico se non l'estrinsecarsi di una polluzione spirituale interiore? Ciò prende valore esistenziale e fa di un "matto" un uomo che vuole esprimersi. Tutti i suoi atteggiamenti partecipano ad un modo di vivere senz'altro, quanto meno, anomalo, ma sinceramente autentico. Insomma una "body art" forse alla lucchese, ma efficace che si avvale di un volto che sa esprimere il dramma interiore. E non è poco.
Mario Rocchi

TEATRO DELLA FOLLIA

"Performance creativa"

"Il Teatro della follia", la mostra di pittura dell' Artista Fabrizio Barsotti nel proprio studio d'arte. Fra i tanti progetti passati e futuri, Barsotti ha portato all'attenzione performance creative come Il Teatro della follia, ispirato al tema della follia e della pazzia, sul Manicomio di Volterra.

Il progetto è nato vedendo le fotografie in bianco e nero di Matteo Zannoni che sono state esposte nel suo studio. Del 2016 è Performance Creativa la barca della speranza, con l'aiuto di Gregorio Andreini, ispirata al tema dell'immigrazione. Instancabile Barsotti va avanti, senza posa, soprattutto per realizzare il suo sogno che è quello di rivalutare i Fossi di Lucca. Paladino dell'Arte professa il suo credo che è quello ispirato alla Bellezza in senso lato, come arma di difesa e di salvezza per il mondo intero.

Il pittore lucchese Fabrizio Barsotti omaggia di una tela Donatella Buonriposi, l'Assessore all'Istruzione, Biblioteche e Musei del Comune di Lucca: si tratta di un'opera appartenente alla serie dedicata al Piccolo Principe, in mostra presso il chiostro del Centro Culturale "Agorà" di Piazza dei Servi. Un'esposizione che ha raccolto il plauso di un pubblico giovane e giovanissimo, proveniente sia dalle università che dalle scuole elementari: un successo dovuto sì all'impegno dell'artista, ma anche al forte richiamo costituito per l'appunto dal Piccolo Principe. L'Assessore, lusingata dal bel gesto, così commenta:"Voglio complimentarmi con Fabrizio Barsotti per questa serie di quadri davvero ben illustrati, dove ancora una volta l'infanzia sta alla base di un mondo che tutti vorremmo migliore. La mostra si è basata su di un testo fondamentale della letteratura universale, un libro per bambini e adulti oggi più che mai attuale, in una società globalizzata dove si è fin troppo spinti ad apprezzare solo i valori materiali. E dove si fa necessaria una profonda riflessione sul messaggio più intimo dell'opera di Saint-Exupéry, cioè che l'essenziale è invisibile agli occhi."L'opera, donata dietro consiglio del giovane scrittore d'arte Marco Palamidessi, verrà consegnata ufficialmente solo al termine della rassegna."Ringrazio Fabrizio Barsotti - conclude entusiasta la Buonriposi - per il suo apprezzatissimo gesto. Per me, che da sempre porto nel cuore il Piccolo Principe, è il regalo più bello che possa ricevere: lo metterò in un posto speciale, sopra il caminetto del mio studio."
Marco Palamidessi

"FEMMINILITÀ"

Fabrizio Barsotti, pennello lucchese noto per le meravigliose bizzarrie della sua arte, dona un'opera del suo più felice periodo creativo.
"Femminilità" - questo il titolo - è l'ennesimo tributo a quel mondo favoloso e tuttora sconosciuto che è la donna. Un'opera che va ad arricchire il prestigioso patrimonio artistico della Fondazione. Dice di lui il Presidente, l'avvocato Alberto Del Carlo:"Con il suo gesto apprezzatissimo Fabrizio Barsotti si lega inestricabilmente alla Fondazione e alla sua crescente galleria d'arte, aperta a tutti gli artisti che vorranno seguire questo generoso esempio e aggiungere le loro opere contemporanee a quelle del passato, in un percorso testimone della creatività lucchese. Peraltro la Fondazione ha deciso di allestire nella nuova sede, appena pronta, uno spazio espositivo fruibile al pubblico, dove gli artisti locali potranno esporre le loro opere."
Marco Palamidessi

http://www.fabriziobarsotti.com/biografia.html

IL TIRRENO

11 Novembre 2010   Lucca

Successo per l'inaugurazione di "Volare", la Mostra di Fabrizio Barsotti alla Fondazione Bml. «Barsotti - dice il presidente della Fondazione, Alberto Del Carlo - è stato il primo degli artisti "donatori" che arricchiscono la nostra nascente collezione d'arte contemporanea». Marco Palamidessi

"La scienza del peso ci dice
che il calabrone non è
compreso
nel numero degli insetti
volanti ha troppe piccole ali
per sostenere un corpo
troppo grande nemmeno per
una volta sola.
Ma lui non lo sa e vola,vola
vola"...

"LUI NON LO SA"

Poesia di Antonio Possenti dedicata
a Fabrizio Barsotti in occasione della
Sua Mostra Personale "Volare"

Antonio Possenti Artista Lucchese pittore, insegnante e illustratore
(Lucca, 11 gennaio 1933 – Lucca, 28 luglio 2016)

FABRIZIO BARSOTTI

L'arte pittorica e scultorea di Fabrizio Barsotti poggia e sviluppa le sue rigogliose radici sul terreno della sperimentazione materica, coloristica ed espressiva. Infatti le materie che lui adopera sono sempre pronte ad acquisire linfa vitale dai suoi imprevedibili tocchi cromatici. Il tutto sboccia all'interno della tela in superfici compatte o si dischiude in strutture astratte. Così la purezza espressiva dell'arte di Fabrizio fluisce nelle nostre vene e palpita con una forte e ricca carica emotiva. I nostri cuori possono cosi accogliere la visione privilegiata di un mondo puro ed incontaminato.

L'artista evidenzia nelle sue creazioni i valori della favola e della memoria. Sogno e realtà si intrecciano. L'interiorità si incontra con il colore e la materia della superficie. Per esserne partecipi ci servono però le ali della spensieratezza e dell'innocenza. Guidati dal tocco creativo del genio dell'artista, Fabrizio ci affiancherà nello spiccare il volo.

Planeremo in traiettorie particolari e non uguali, verso lidi immensi ed incontaminati. Ma saremo appunto consapevoli di quel magico mondo interiore solo se manterremo, a qualsiasi età, nel profondo il cuore candido ed innocente del fanciullo e dell'artista. Fabrizio ci fa comprendere questo e ci invita a sognare ed a volare con lui, con l'animo libero e limpido.

Gregorio Andreini

"LUCCA E LA STORIA"

Per sottolineare l'importanza di un evento come i "Fossi dell'Arte" e in
occasione di tale manifestazione, il sindaco, Alessandro Tambellini, in nome
del Comune di Lucca, porta personalmente a Fabrizio Barsotti, i libri storici di Lucca.
Nella foto Barsotti, sindaco Tambellini, assessore Bianucci.

Mostra di pittura illustrazione e fotografia Nuovo Eden chiesa di Santa Caterina in centro storico, in via del Crocifisso, espongono Fabrizio Barsotti, Annamaria Buonamici, Giuditta Pieroni, Enzo Gravante, Alessandro Sorbera, Elisabetta Tuccimei.

L'ultima fatica dell'Artista

"NUOVO EDEN"

Ottobre 2021 La Mostra si è tenuta nella chiesa di Santa Caterina,
la chiesa delle Sigaraie, un piccolo gioiello di Arte Barocca
restaurata grazie ai fondi del Fai.

Mostre

1989 – Personale nella Biblioteca Comunale di Pontedera
1991 – Personale nella Galleria Artespazio Dieci di Bologna
1992 – Personale nella Chiesa di Santa Giulia - Lucca
1994 – Rassegna "Quadro rosso e nero" - Lucca
1995 – Collettiva nel centro storico di Firenze
1995 – Collettiva "Il collezionista" di Tarquinia
1995 – Biennale d'arte contemporanea di Brindisi
1996 – Personale "Forms in motion" nella Chiesa di Santa Giulia - Lucca
1996 – Rassegna Nazionale "Creativi" nel Palazzo dei Congressi - Roma
1997 – Rassegna d'arte contemporanea nel museo "Aloisio Magalhae" - Recife (Brasile)
2000 – Collettiva "Forme in movimento" presso il caffè "Guido Cimino" in Piazza dell'Anfiteatro - Lucca
2001 – Personale "Arte in viaggio" presso l'albergo San Martino - Lucca
2002 – Collettiva "Punti di vista" nel Palazzo Ducale - Lucca
2003 – Premio Arte Mondadori Milano
2008 – Personale "Il Piccolo Principe" chiostro centro culturale Agorà - Lucca
2009 – "Arte e motori" estemporanea piazza Anfiteatro - Lucca
2009 – "Ricordando Francesco" - Complesso San Romano - Lucca
2009 – "Lucca contemporanea" - arte in Lucca ex Real Collegio - Lucca
2009 – Personale Meeting Club - Pescia (PT)
2010 – Donazione opera Ospedale Molinette - Torino
2010 – "Il Paesaggio Nella Memoria" ex Real Collegio - Lucca
2010 – Asta Lucida Manzi ex Real Collegio - Lucca
2010 – "Un quadro per rinascere" Villa Paolina Bonaparte - Viareggio (LU)
2010 – Mostra di pittura - Battistero della chiesa di S.Giovanni - Lucca
2010 – Premio mostra di pittura di piccolo formato - Massarosa (LU) Galleria Agorà
2010 – Personale "Volare" Fondazione BML - Lucca
2011 – Personale "Lucca s'è desta" Museo Nazionale del fumetto - Lucca
2011 – L'unità d'Italia fra memoria e futuro (mostra di pittura e scultura) - Ex Real Collegio - Lucca
2011 – Giardino in arte - Orto Botanico - Lucca
2011 – L'artigiano del mare, mostra di lampade dipinte - Villa Bottini - Lucca
2011 – "Arte e motori" collettiva di pittura - Fondazione CRL - Complesso di S.micheletto Lucca
2011 – Personale "Lui non sa" - Studio d'arte Fabrizio Barsotti - Lucca
2012 – ART collection - Fondazione Banca del Monte di Lucca - Lucca

2012 – "Giocolore personale" Lucca per piccoli - Real Collegio - Lucca
2012 – Open Art Studios - Lucca
2012 – Galleria il Muro Blu - Mercato del Carmine - Lucca
2012 – Notte bianca performance "Fragile" - Open Art Studios - Lucca
2012 – Collettiva mostra a due - Studio la Latteria - Lucca
2012 – APOCALISSE - Auditorium dell'istituto L.Boccherini - Lucca
2013 – Rassegna d'arte - Galleria Usher Arte - Lucca
2013 – Ruote d'artista a cura di M.Lovi - Sala Tobino, Palazzo Ducale - Lucca
2013 - Arte e Motori - casermetta S.Regolo - Lucca
2013 - Premio Andare oltre si può - Provincia Lucca - Lucca
2013 - Mostra per i bambini del Brasile - chiesa S.Giulia - Lucca
2014 - Collettiva galleria Usher Arte - Lucca
2014 - Metti in mostra la tua arte - Arquitenens - Lucca
2014 - Studi aperti - Open studios arte - Lucca
2014 - Sfumature d'artista Livin'Art - Notte Bianca - Lucca
2014 - ESTATE, ASPETTI, EMOZIONI - rassegna d'arte chiesa S.Giulia- Lucca
2014 - Collettiva galleria d'arte USCHER ARTE - Lucca
2014 - Collettiva on-line Piazzettadellarte.com - Lucca
2014 - Il cuore batte per Lucca - asta ruote d'artista sala Tobino (Palazzo Ducale Lucca)
2014 - Al caffè di Daniela Bartolini - Orto Botanico Lucca
2014 - Arte e Motori Swinging London - Casermetta San Colombano Lucca
2014 - Performance creativa "Il teatro della follia" Studio d'Arte Fabrizio Barsotti Lucca
2015 - Arte è solidarietà (Palazzo Cenami Lucca)
2015 - Performance creativa "Il teatro della follia" Chiesa di Santa Giulia Lucca
2015 - Performance creativa "Il teatro della follia" sala Rossa Istituto Musicale Luigi Boccherini Lucca
2015 - Performance creativa "Il teatro della follia" chiostro Agorà Lucca
2015 - Performance creativa "Il teatro della follia" Ass.culturale Cesare Viviani Lucca
2015 - Il Lavoro Narrato Studio d'Arte Fabrizio Barsotti Lucca
2015 - (Notte Bianca) Performance creativa "Il teatro della follia" Studio d'Arte Fabrizio Barsotti Lucca
2015 - Collettiva Armonie Chiesa di Santa Giulia Lucca
2015 - Collettiva Sinfonia Cromatiche Chiesa di Santa Giulia Lucca
2015 - Angeli Contemporanei La Iglesia di Los Angeles (Argentina)
2015 - performance creativa: Il teatro della follia (Studio d'arte Fabrizio Barsotti)
2015 - Mostra personale: Il teatro della follia (Studio d'arte Fabrizio Barsotti)
2015 - Mostra personale: Il teatro della follia (Studio d'arte Fabrizio Barsotti)

2015 - Mostra Spazio Visual Instant (Napoli)
2016 - Personale: Sogni di libertà Livin'Art LUCCA
2016 - Performance: La barca della speranza Livin'Art LUCCA
2016 - Foro Boario Art Festival Lucca
2016 - Collettiva: Via Francigena Chiesa S.Giulia Lucca
2016 - Personale: Metafore di viaggio (Galleria Comune di Bagni di Lucca)
2016 - Collettiva 10 Spazio Lum Lucca
2017 - Collettiva Contadini nelle metropoli Spazio Lum Lucca
2017 - Collettiva Spritualy Again Livin'Art Lucca
2017 - Collettiva Note di primavera Chiesa Santa Giulia Lucca
2017 - Collettiva Fiori di Luglio Livin'Art Lucca
2017 - Creato en Plain Air Chiostro Agorà Lucca
2017 - Collettiva 70 anni Chiesa Santa Giulia Lucca
2017 Arte e Motori - Mostra di pittura - Complesso S.Micheletto - Lucca
2017 500 Angeli - Mostra Serrone di Villa Reale - Monza
2018 Maggio in arte - Essentia Chiesa di S.Giulia - Lucca
2018 Collettiva via Francigena - Lungo il cammino - Museo Athena - Capannori
2018 Collettiva Mostra Costituzione - Casermetta S.Frediano - Lucca
2018 500 Angeli Villa Olmo - Como
2019 Kairos Experience collettiva - Villa Bottini (Lucca)
2019 Dieci anni dentro la collezione Fondazione Banca del Monte (Lucca)
2019 Viaggi di primavera – Chiesa di Santa Giulia (Lucca)
2019 Maggio in arte 2019 – Spirito e Bellezza - Chiesa di Santa Giulia (Lucca)
2019 Promotore di 6 appuntamenti "I fossi d'arte" via del Fosso – Lucca
2019 Collettiva Livin'Art – pittura e fotografia – Lucca
2019 Collettiva MusicArt il Silenzio Colorato – Villa Bottini Lucca
2019 Ruota d'artista – Massa Cozzile a cura di Mauro Lovi
2019 500 Angeli – Santa Maria della Scala - Siena
2020 Emergenza Covid per la Croce Rossa italiana - Lucca
2020 Mostra virtuale "Istanti immobili" Associazione UCAI - Lucca
2020 2° edizione I fossi dell'arte - Lucca
2021 Terza edizione dei Fossi dell'arte - Lucca
2021 Mostra collettiva Nuovo Eden - Chiesa di Santa Caterina - Lucca

Via del Fosso
NM 153

*"Dove nasce e prende forma
un'idea per volare fino a te"*